ACTES SUD JUNIOR
*est dirigé par Madeleine Thoby*

# COMPTINES
## POUR DONNER SA LANGUE AU CHAT

**Du même auteur**

Une petite flamme dans la nuit
BAYARD

Le Fils de l'ogre
HOËBEKE

Qu'est-ce que j'ai dans la tête ?
FLAMMARION

Zéro pour Zorro
Les Contes de la bouche et de l'oreille
MØTUS

Edgar n'aime pas les épinards
RAGEOT

Comptines sous un chapiteau
ACTES SUD JUNIOR

**Du même illustrateur**

Le Kidnapping de la cafetière
Ceux que Noé a oubliés
L'Île du droit à la caresse
HARLIN QUIST

Le Doigt magique
La Pêche à la baleine
Le Pont
GALLIMARD

Une petite flamme dans la nuit
BAYARD

Nasr Eddin Hodja, un drôle d'idiot
MØTUS


ISBN 2-7427-1920-2

*Loi 49-956 du 16 juillet 1949*
*sur les publications destinées à la jeunesse*

*Les Petits Bonheurs*

FRANÇOIS DAVID

# COMPTINES
# POUR DONNER SA LANGUE AU CHAT

Illustrées par
HENRI GALERON

*ACTES SUD JUNIOR*

*Pour Raphaël et Victor*

# La langue au chat

On me pose une devinette :
Je cherche, mais je ne trouve pas.
Je me creuse longtemps la tête
Et puis je donne ma langue au chat.

Le chat cherche la devinette,
Mais lui non plus ne répond rien.
Il est vexé, il se sent bête
Et il donne sa langue au chien.

Le chien reste muet, comme le chat.
Pourtant ces bêtes ne sont pas bêtes.
Soudain, je reprends ma langue, moi.
Youpi ! J'ai trouvé la devinette !

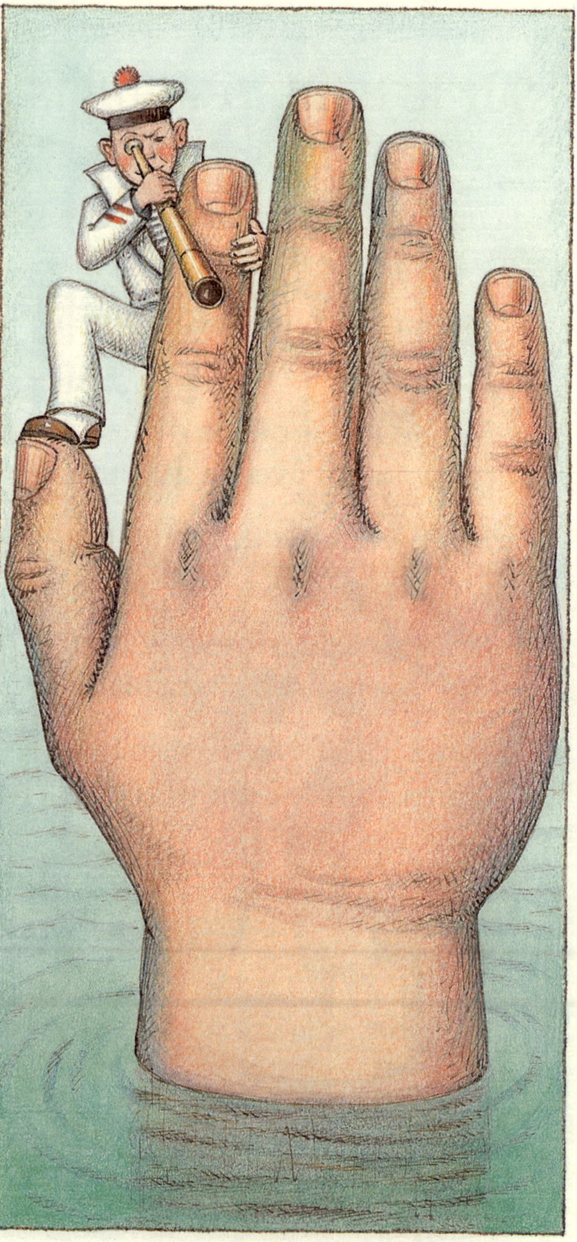

# Sur le bout des doigts

Ma comptine commence par mousse
Et ça rime avec le pouce.

Puis elle s'envole vers Aix
Et ça rime avec l'index.

Cette ville est pleine de fleurs
Qui riment avec le majeur.

On y respire un bon air
Qui rime avec l'annulaire.

Il y a tant de choses à y faire
Qui riment avec l'auriculaire.

Bravo ! Je sais tout, cette fois,
Vraiment sur le bout des doigts.

# La moutarde me monte au nez

La moutarde me monte au nez,
Et si vous ne me retenez,
Je vais entrer dans une colère
Terrible : une colère de corsaire.

Attention, les colosses et les demi-portions !
Attention, capitaine !
Attention, moussaillons !
Attention, les gros et les maigres !
Car ça va tourner au vinaigre.

# Gros sur la patate

– J'en ai gros sur la patate,
Soupire mon grand-père.
Et aussitôt je cherche
Cette grosse pomme de terre.

– Mais non, m'explique mon papi,
Il n'y a pas de patate ici.
Ça veut dire que j'ai une grosse peine
Qui me gêne.

Alors je lui dis :
– Papi, chasse donc ton gros souci.
Tu n'as pas besoin de t'en faire
Puisque c'est toi que je préfère.

# Un temps de chien

Quand il fait mauvais temps,
On dit qu'il fait un temps de chien.
Mais pourquoi
On dit ça ?

Quelle que soit la couleur du ciel,
Je trouve qu'il fait du soleil
Si mon chien est là
Près de moi.

# Pas de mal à une mouche

Line ne ferait pas
De mal à une mouche.
Mais les mouches,
Elles, ne se gênent pas
Et, comme des moustiques,
La piquent
Et lui plaquent une couche
De boutons rouges.

– Assez, les mouches !
Pas touche !
Je ne serai pas toujours douce.

Et Line verse une mousse
À l'odeur infecte
Sur les petits insectes
Qui tombent aussi sec
Sur le tapis.
Eh oui !

# La nuit,
# tous les chats sont gris

La nuit,
Tous les chats sont gris.
Mais la journée,
Il y en a des dorés,
Des bicolores,
Des tricolores,
Des tigrés,
Des décolorés,
Et des chats noirs,
Aussi, le soir.

# Une tête de linotte

Tu as une tête de linotte.
Ça ne veut pas dire que tu es sotte.
Mais ça signifie
Que tu es étourdie.

Et parfois tu oublies
Ce que tu as appris.

Alors fais attention
Et note
Le nom
De l'oiseau : « la linotte ».

# Tu es dans la lune

Oh ! Tu n'as pas besoin de fusée brune.
Tu rêves sans fermer les yeux
Et tu voles très loin dans les cieux,
Jusque dans la lune.

# Sur quel pied danser

Gaston ne sait pas
Sur quel pied danser.
Il danse du pied droit,
Puis se met à danser
Du pied gauche.
Il est mal à l'aise.
Ah ! Ça ! Il est gauche :
On dirait qu'il marche sur des fraises.
Il voudrait lancer
Le gauche et le droit
En même temps, danser
Des deux pieds à la fois.

# Ni chaud, ni froid

Pour l'ennuyer
Jeff a traité
Le p'tit Maurice
De vieille saucisse.

Mais ça ne lui a fait, crois-moi,
Ni chaud, ni froid.
Ça ne l'a même pas fait rougir :
Ça l'a fait rire.

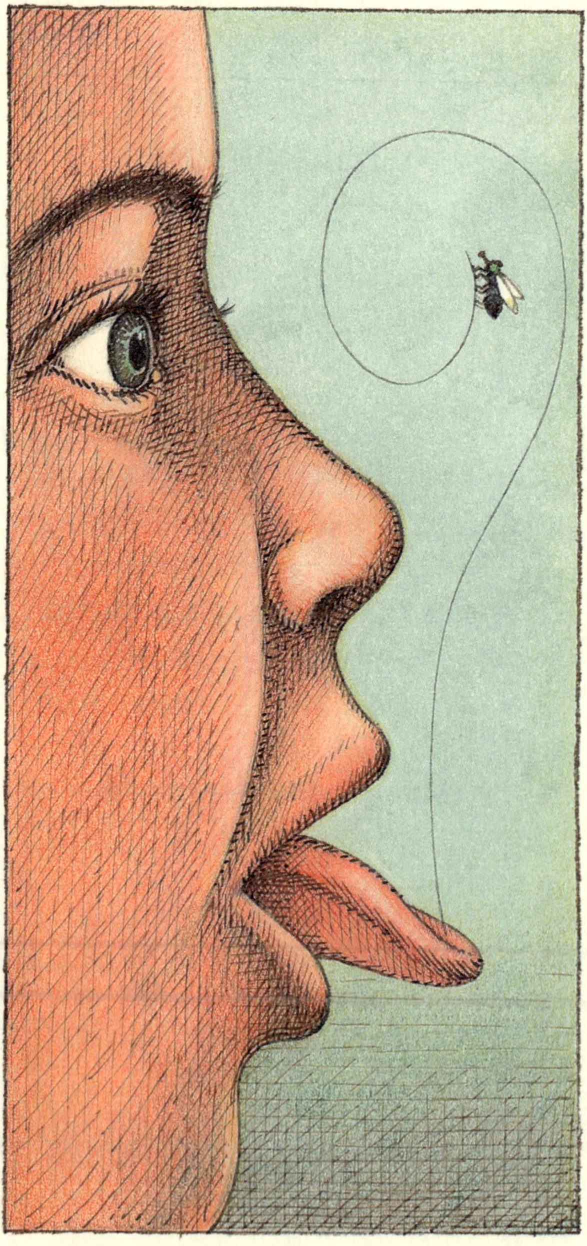

# Le cheveu sur la langue

Z'ai un seveu sur la langue,
Ça n'a pas grande importance,
Ça me donne même un sarme étranze,
Sauf quand ze manze.

Ce petit seveu tout bouclé
Me fait prononcer autrement
Les mots que z'ai dans la bousse
Comme si ze suçais z'une mousse.

Sur la langue, j'avais un cheveu.
Je ne l'ai plus, je l'ai ôté.
Mais parfois j'aime bien zozoter,
Ze peux le remettre si ze veux.

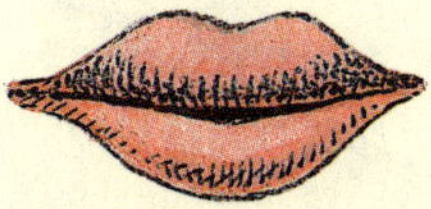

# Un froid de loup

Il fait un froid de loup,
Il fait même un froid de canard.

Il fait si froid que si un loup
Rencontrait ce soir un canard,
Il ne lui trouverait pas bon goût.
Peut-être même que, par hasard,
Il n'aurait pas envie de le manger du tout.

# Comme ci, comme ça

– Papa, c'est oui ou c'est non ?
C'est bon ou ce n'est pas bon ?

Réponds donc une bonne fois
Que l'on soit sûr de ton choix.

Dis-nous : c'est comme ci,
Ou bien c'est comme ça.
Papa répond :
– Comme ci, comme ça.

# Dans les pommes

Je suis tombé dans les pommes,
À cause d'un drôle de bonhomme
Et de son panier plein de fruits.
J'ai pu compter chacune d'elles
Et plein de bougies aussi.
Cela faisait trente-six chandelles.

# Mouillé comme une soupe

Mouillé comme une soupe,
Trempé comme une troupe
De poulpes
De la Guadeloupe
Qui chaloupent
Dans la soucoupe
Avant qu'on ne les coupe,
Recoupe
Et découpe,
En tout petits groupes
Visibles à la loupe.

# Vider mon sac

Je vide mon sac,
Patatras !
Car je suis en colère.
Et je jette par terre
Ce qu'il y a dedans.
Tout mon bric-à-brac,
V'lan !

# Yeux bleus, yeux d'amoureux

Yeux bleus,
Yeux d'amoureux.
Mais on dit aussi,
Et ce n'est pas gentil :
Yeux marron,
Yeux de cochon,
Yeux verts,
Yeux de vipère.

Regarde mieux
Et, les yeux dans les yeux,
Tu diras
Comme moi :
Yeux marron,
Yeux très mignons,
Yeux verts,
Yeux de rivière,
Yeux de bruyère,
Yeux que je préfère.

# Mon courage à deux mains

Je prends mon courage par un bout,
Mais il me glisse sur le cou.

Je prends mon courage par le pied,
Mais il se cache sous mes souliers.

Je prends mon courage à une main,
Mais il s'échappe sur mon poing.

Je prends mon courage à deux mains,
Et je n'ai plus peur. Je le tiens !

# Par les temps qui courent

Par les temps qui courent,
Les jours paraissent courts.

Par les semaines qui trottent,
Ce sont des heures qu'on grignote.

Par les mois qui galopent
L'année est finie ! Hop !

12
1
2
4
5
6
7
8
9
10
11

# Méchant comme une teigne

Méchant comme une teigne,
Rasoir comme un peigne,
Violent comme une beigne,
Piquant comme une châtaigne.

À part ça c'est, dit-on,
Un charmant garçon.

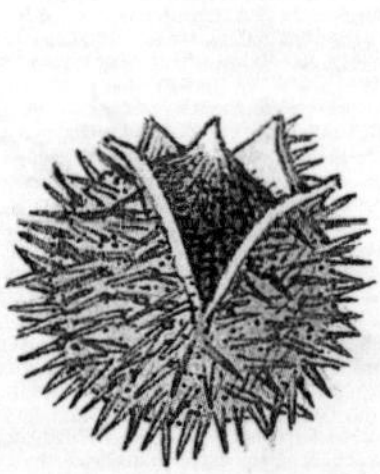

# Mes cliques et mes claques

J'ai pris mes cliques et mes claques,
J'ai fermé la porte : clic clac !
Et je suis parti
Loin de ce pays.

Ici, je ne reçois plus de claques
Et même s'il pleut souvent : flic flac,
Dans mon cœur, il y a du bonheur
À chaque heure.

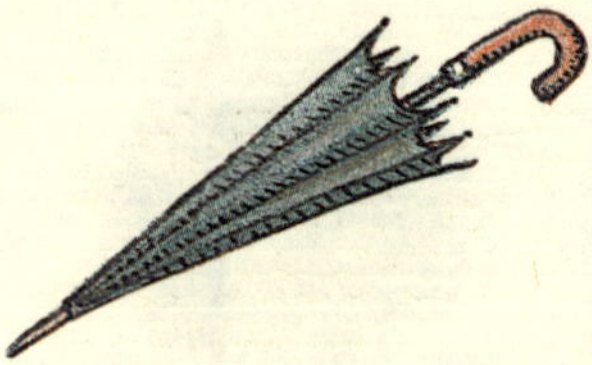

# Tout un plat

Ah, oui ! Elle en fait tout un plat,
Et patati et patata,
Et blablabli et blablabla !
Que ça s'est bien passé comme ça.

Personne ne comprend pourquoi
Elle se met dans tous ses états.
D'ailleurs, tout le monde la croit :
Pas besoin d'en faire tout un plat !

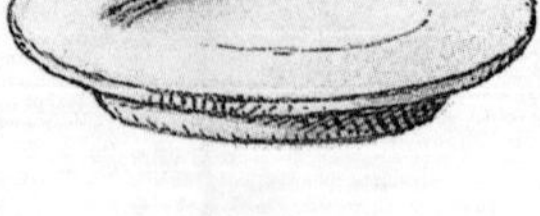

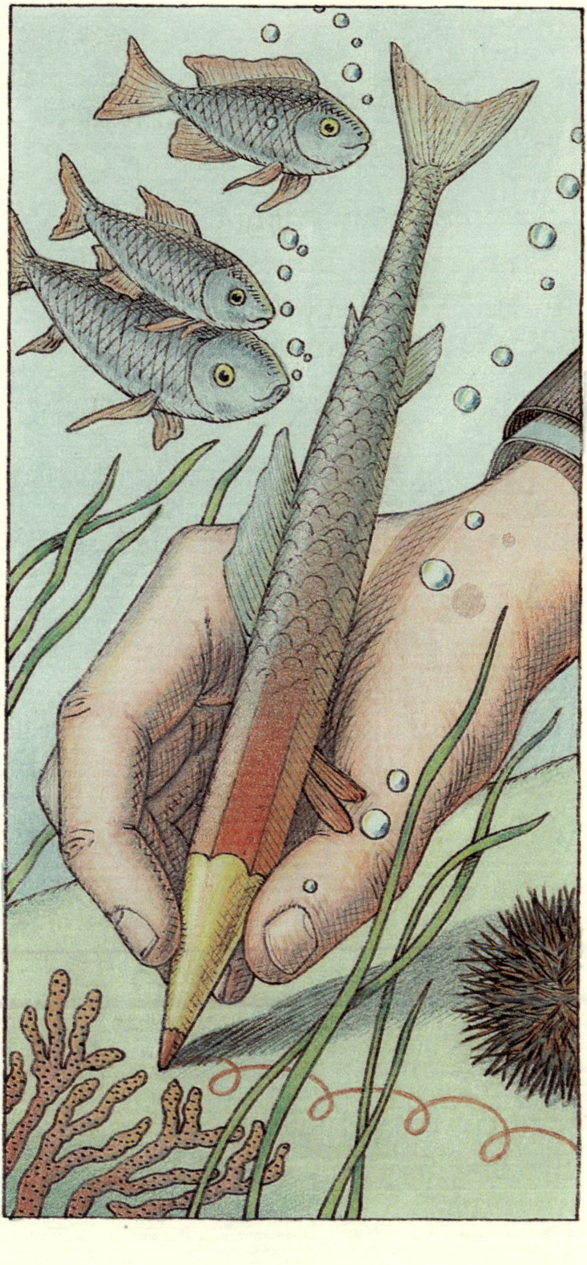

# Ni queue ni tête

Ce poème n'a ni queue ni tête,
Et pourtant il n'est pas si bête,
Même s'il ne contient pas de leçon
Et finit en queue de poisson.

# Un ange passe

Tout le monde se tait,
Qu'est-ce qui se passe ?

Rien de grave, tu sais,
Un ange passe.

Chacun se remet à parler,
Maintenant que l'ange est passé.

# Lorsque les poules auront des dents

Lorsque les poules auront des dents,
Lorsque les chiens mettront des gants,
Lorsque les loups iront chez le dentiste,
Et les panthères chez l'oculiste,
Lorsque les tigres écriront à l'envers,
Lorsque les poissons rouges seront verts,
Lorsque les vaches crieront « hello ! »
Et les moutons « cocorico »...

On vivra jusqu'à cent mille ans
Lorsque les poules auront des dents.

# Cache-cache images

Clin d'œil de l'illustrateur,
Un petit dessin est allé se cacher
Dans la grande image
De la page d'avant ou d'après.
Si tu es observateur,
Essaie de le retrouver.

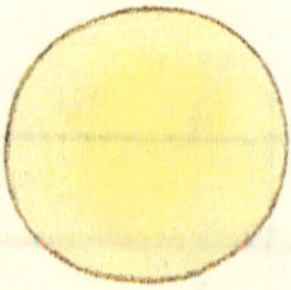

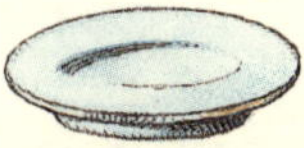

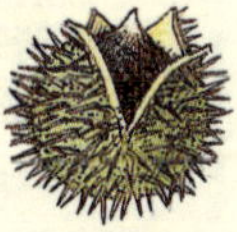

# Table des comptines

Conception graphique,
direction artistique et réalisation :
Studio de création
de Repères Communication

Reproduit et achevé d'imprimer
en février 2001
par l'imprimerie Clerc
à Saint-Amand-Montrond
sur papier des
Papeteries Jeand'heurs
pour le compte des éditions
ACTES SUD
Le Méjan
Place Nina-Berberova
13200 Arles

Dépôt légal
1re édition : octobre 1998
N° imprimeur : 7505
*(Imprimé en France)*